まえがき

　瀬戸内国際芸術祭で盛り上がる瀬戸内海の島々。

　私達26年度ゼミ生は稲田ゼミに入るとまず、この瀬戸内海の島々について調査することとなった。

　ゼミ生の中には、島に何度も訪れた人も居れば、興味があったけれどもまだ一度も行ったことがない人も居り、島に対する経験や知識はバラバラであった。経験や知識がバラバラな総勢11名のゼミ生が初めての島訪問、または何度目かの島訪問をするわけであるから、感じ方や考え方も一人ひとりがおもしろいように違っていた。

　そして、この一人ひとりが感じた島への気持ちを、言葉と写真で紡ぎ出し、この本が作成されたのである。

　島へ行ってみたい、でも最初の一歩が踏み出せない方に読んでもらいたいのはもちろん、何度か行ったことがある人にも是非読んで欲しいと考えている。

　読んでもらったあなたへの一押しが出来れば幸いです。

吉田　翔

目　　次

岡山県

高島
白石島
北木島
六島
小手島
鴟
広島
本島
牛島
櫃石島
岩黒島
小与島
与島
瀬居島
走島
大飛島
小飛島
真鍋島
佐柳島
高見島
六島
粟島
志々島
丸亀
伊吹島

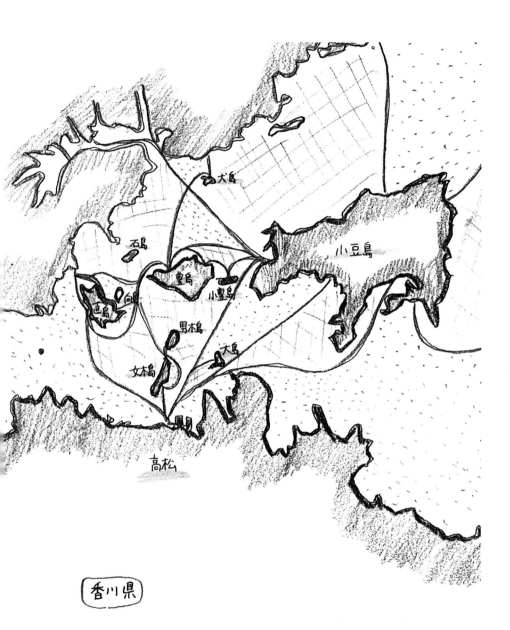

犬島

石島

小豆島

豊島

小豊島

直島

男木島

大島

女木島

高松

香川県

01 圧巻のパワースポット、「重岩^{かさねいわ}」

岡　滉二郎

　小豆島の土庄港を降り、山道と海岸沿いの道を南へ進んでいくと小瀬という町にたどり着く。すると大きな岩山への登山道が見えてきた。どうやら頂上には重岩というパワースポットがあるとのこと。

　山や大きな岩などの自然風景に興味を持ち、また頂上からの景色も良さそうなので登ってみることにした。

　どこまで続いているのかわからない上り坂を歩くこと約10分。

　やっと登山道である階段が見えてきた。

　秋だというのに汗をかきながら歩いてきたこの長い上り坂はどうやら登山道への入り口であるらしく、ここから続く石の

階段が本当の登山道だった。石階段の前には小さい駐車場があったので、ここまでは車で来るのが一般的なようだった。

　駐車場から山を見上げると、頂上まではまだまだ距離があることがわかった。杖の貸し出しがあったのでありがたく借りることにし、階段を登っていくことにした。階段は左側通行で、足元には「出迎え道」と書いてあった。反対側には「帰り道」と書いており、親切な設計だなと思った。足に少し疲労感が溜まってきたころ、中間地点である社に到着した。

　お参りを済ませ、軽く一息いれて再出発しようとしたところで、上へ続く階段の様子が変わっていることに気づいた。先ほどまでの綺麗な石階段ではなく、岩を削ったようないかにも滑りやすそうな階段になっていたのである。この険しい道を進むのに、入り口で借りた杖が大活躍した。足を滑らせないように気をつけながら進んで行き、手作り感のある鳥居をくぐると見晴らしの良い頂上へ到着だ。

　頂上に佇む重岩はどっしりとしていて、どこか力強さを感じさせるものであった。岩が重なっているのに崩れそうな気配はなく、まるでくっ付いているかのように構えていた。重岩がパワースポットと呼ばれるのは、その大きさと崩れない絶妙なバランスが理由なのだと感じた。付近にあったのぼりに「身体健康」と書いてあったので、重岩のその力強い姿が健康へのご利益に繋がっているのかもしれない、と考えた。また頂上は、山を飛びまわるトビよりも高い位置にあるので、眺めも素晴らしいものだった。重岩の左側には大きな海、右側には山の緑が広がっており、二つの景色を楽しむことができる。パワースポットとして楽しむもよし、景色を楽しむもよしの重岩。

　小豆島土庄方面へ訪れた際は、頂上までの道に挑戦してみてはどうだろうか。

02 風が運ぶ、島民の笑顔とごま油の香り

三野　まりや

　土庄行きのフェリーに乗り込み真っ先に向かうは売店。朝のフェリー
はうどんに決まっている。今日は島の各地でイベントが行われているら
しく、船内はかなり混み合ってはいるが、海を一望しながらの立ち食い
うどんもなかなか洒落ていて、良い旅のスタートが切れそうである。

　島に到着し、自転車を走らせること約二時間、マルナカ新土庄店の隣
に、「錦華（きんか）」という中華料理店を見つけた。食欲をそそる油の
香りに誘われ店内に入ると、沢山のお客さんで賑わっていた。座れそう
な席は無いかと辺りを見渡すと、大多数の人の手にはビール。なるほ
ど、賑わいの原因はこれだったのか。午後の予定がまだ残っていたわた
しは、ビールをなくなく諦め、ビール片手に仲間と談笑するおじさんを
横目に酢豚定食で食欲を満たし、次の目的地へと向かった。

　向かった先は恋人たちの聖地として有名な観光スポット、「エンジェ
ルロード」である。時刻は丁度午後二時をまわった頃であった。エン
ジェルロードの入り口には、こぢんまりとした観光案内所があり、その

店先には、その日のエンジェルロードの見頃予想を知らせてくれる看板が立てかけてあった。潮の満ち干きで現れたり消えたりする不思議な砂の道。その神秘的な現象から、大切な人と手をつないで渡ると、願いが叶うと言われている。丁度良い頃合いに訪れることができたらしく、海の中に500メートル程の道が表れていた。中華料理屋でビールをなくなく諦めた甲斐があった。旅はタイミングが重要である。カップルらしき姿はほとんど見当たらなかったが、行きのフェリーで見た団体客のおばちゃんたちが楽しそうに砂浜を歩いている。思い出話に花が咲いているのだろうか、あるいは今度は旦那さんを誘って来よう、と心の中でひっそりと思っているのだろうか、それぞれのエンジェルロードを楽しんでいた。

　今回私が訪れた土庄町は、町の所々でその匂いが少し薄まったりするものの、一貫してごま油の匂いが町を包んでいた。特に、エンジェルロードでは、磯の匂いとごま油の匂いが絶妙に合わさり、わかめスープのような、どこか懐かしく優しい匂いがした。そのことを町の人に伝えると、「わかめスープ？素敵やねえ。そんな風にゆうてくれたんはおねえちゃんが初めて。ごま油の匂いがするんはこのへんだけなんよ。かどやのごま油が風に乗って運ばれてくるんよ」と嬉しそうに話してくれた。ごま油の売上日本一のかどや製油は、1858年、小豆島での創業以来ごま油一筋であり、その歴史は、そうめん作りに使うごま油の製造から始まった。その成長は、世界市場にまで進展し、北米でのシェアは約70％、アジア・ヨーロッパの家庭やレストランにも、日本でおなじみのボトルが浸透しているそうだ。世界の信頼を得たごま油の背景からは、今日出会った島の人々のあたたかく親切な人柄が感じられた。島の風はわたしに、島民の笑顔とごま油のにおいを運んできた。

03 迷路のまち

藤田　大智

　今回私は初めて土庄港から小豆島に降り立った。土庄港周辺を散策し、重ね岩やエンジェルロードを訪れた後に、迷路のまちという場所に辿り着いた。それは、住宅地の細く入り組んだ町並みとアートがコラボレーションした場所である。

　小型の車が通れるかどうかぐらいの狭い道に入ってまず気になったのが小さな地蔵のアートである。まちの中の道に沿ってたくさんの地蔵があるのだ。

　これらの地蔵はすべて表情が違い、笑っているものや照れているもの、ドヤ顔をしているものなどさまざまである。

　地蔵を眺めながら細い道を進んでいくと途中で急に声をかけられた。町のおばちゃんたちのようで迷路のまちの中にある「迷路のまち」とい

うアート作品の運営をしている人たちのようである。

　「迷路のまち」というアートは、たばこ屋さんの空き家を使って「目」という美術家たちによって作られた作品である。外見は、普通の古い建物である。しかし、実際に中に入ってみると、様々な工夫がされていて、驚きが満載である。実際に行って、体験してもらいたいので詳しいことは書かないが、私はここで初めて一般家庭の冷蔵庫に入るという経験をした。

　そこのおばちゃんたちが地蔵について教えてくれた。まちの中にあるたくさんの地蔵は、小豆島の高校生たちが作った作品であり、出迎え地蔵と呼ばれ、迷路のまちの道案内の役割をしているらしい。

　まち全体が瀬戸内国際芸術祭のアートとなっており、その期間の間には他にも多くの建物を利用したアートがあったようである。他のアートの建物もいくつか残されているようなので今度はすべてまわりたい。

　迷路のまちを進んでいくと、今度は駄菓子屋があった。この駄菓子屋では懐かしい駄菓子やおもちゃがある。実際にコマを回すこともでき、幼少期に戻れたような気分になる。

　迷路のまちの中には、妖怪の置物を展示している場所がいくつかあり、その中の一つがこの駄菓子屋であった。妖怪には一般的なものから小豆島ならではのものがあり、何よりも気になったのがマツオという妖怪である。マツオという妖怪は、迷路のまちに潜む妖怪らしい。

　マツオという妖怪は、会った人を迷路のまちの奥に引き込む、おじさんの妖怪らしい。時々町の中で出会うことができるらしいのだが、今回は残念ながら出会うことはできなかった。小豆島を訪れた際はぜひマツオという妖怪を探しに来てもらいたい。

04 食とサイクリングと映画村

吉田　翔

　11月21日、三連休まっただ中の小豆島草壁港行きフェリーはとても混雑していた。本日は気持ちの良い秋晴れであり、きっと寒霞渓の紅葉を見に行く人が多いのだろうと考えながらフェリーを降りて早速、私たちはオリーブ公園へと向かった。

　草壁港からオリーブ公園へは自転車で15分ほどであり、お手頃なサイクリング距離である。オリーブ公園にはオリーブ記念館やサン・オリーブ温泉などがあるが、私たちは早速オリーブ記念館の中の販売所でオリーブアイスを購入した。オリーブアイスは薄い緑色であり、食べてみると抹茶アイスに近い味がした。気になる方は是非食べてみて欲しい。

　オリーブ園を出てすぐの坂道に「わが家の手のべ麺」というそうめん

の製麺所があった。食事をするスペースもあるということなので、早速入ってそうめんを注文した。どのようなそうめんがでてくるのかと楽しみにしていると、なんと土鍋に入ったそうめんが出てきた。土鍋に入ったあつあつのそうめんはとても触感が良く、くせになる味であった。またそうめんを食べてお会計を済ますとお土産として素麺をいただいた。親切にもおいしい素麺のゆで方の説明書まで入っていたのでまた作ってみようと思う。

　オリーブ園を後にした私たちは二十四の瞳映画村まで自転車で行くことにした。映画村までの距離は自転車で一時間ほどであり、坂道なども多かった。しかし秋の空気はとても快適であり、また海と紅葉を見ながらのサイクリングはとても気持ちの良いものであり、自転車で行って良かったと感じた。自転車で行くのが大変な方は、草壁港からオリーブバスが二十四の瞳映画村まで出ているので、そちらに乗ることをお勧めする。二十四の瞳映画村は、二十四の瞳に関することだけでなく、日本映画黄金期の1950年代の映画のギャラリーが展示されてある「キネマの庵」やB級グルメや昔懐かしい給食セットが食べられるCaféシネマ倶楽部など、ゆっくり散策するにはもってこいの場所がそろっている。

　また、昔懐かしの映画がかかっていた当時の雰囲気を出すために映画村自体がレトロな雰囲気を出しているので、レトロなものが好きな方はぜひ訪れてみて欲しい。新しい発見があるかもしれない。

　小豆島草壁港からのサイクリングは景色を楽しみつつ食も楽しめる、とても有意義なものであった。充実した休日を送りたい方はぜひ訪れてみてほしい。

05 オリーブの島

天木　克哉

　11月22日、高松港からフェリーに乗って約一時間で小豆島の草壁港に着いた。小豆島は広いので、歩いて散策するのは少し大変だ。なので、フェリーを降りた場所の近くにある切符売り場で自転車を借りることにした。値段は4時間800円、一日1000円だった。高松駅や瓦町駅等、高松市内数か所で自転車を貸し出す場所があり、そこで簡単な登録をする

と1日200円で自転車を借りることができる。また、草壁港の往復便に自転車を乗せると乗船料に追加で690円かかる。合わせて890円なので、高松から小豆島に向かい、長時間滞在する予定なら高松で自転車を借りたほうがお得だ。ただし、高松で借りる自転車はよく使いこまれていて少しボロいが、それが気になる人は小豆島で借りた方がいいかもしれない。

　最初はオリーブ公園に向かった。海岸沿いの道を進んでいったのだが、左手には瀬戸内のきれいな海、右手には紅葉で色づいた山を見ることができ、とても気持ちよく自転車をこぐことができた。道はかなり整備されており、自転車や車で行動するのに全く不便を感じることはないと思った。オリーブ公園に向かっていると、途中の道で製麺所の看板をいくつか見かけた。小豆島の名物に素麺があるので、昼ごはんを楽しみに感じた。

　草壁港を出て15分ほどでオリーブ公園に着いた。オリーブの木が至る所に植えてあり、さらに実がなっているところも見ることができた。オリーブ公園に着いたら駐車場に自転車を停め、オリーブ記念館に行った。そこでは、オリーブの歴史の紹介や、お土産の販売を行っていた。また、オリーブソフトクリームというものを250円で販売しており、私はそれを買って記念館内で休憩がてら食べた。見た目は黄緑色のソフトクリームだった。味は、優しい甘さにほのかに抹茶のような香りして美味しかった。自転車をこいで少し疲れたので、疲労回復にちょうど良かった。その後、ギリシャ風車に向かった。ギリシャ風車は、小豆島と姉妹島提携を結ぶギリシャ・ミロス島との友好の証として建てられたそうだ。白い建物に、青い瀬戸内海のコントラストが異国の雰囲気を醸し出していて、とても美しかった。

06 日本のナショナルトラスト運動 小豆島寒霞渓

稲田　道彦

　瀬戸内海国立公園の最も有名な景勝地寒霞渓が、寒懸山保勝会の所有物であることを知っている人がどれくらいいるだろうか。小豆島の寒霞渓は瀬戸内海国立公園の心臓とも言っても良い場所だ。国立公園を作ろうという運動が香川県出身の小西和（かのう）の提唱により、国民の間に起こった時に、瀬戸内海国立公園がその候補に上がった。最初に雲仙国立公園、霧島国立公園と瀬戸内海国立公園が指定された。今から80年前の1934年のことだ。瀬戸内海国立公園を構想するときに最も重視された景観が香川県の屋島と寒霞渓であった。

　寒霞渓は江戸時代に神懸山と呼ばれ、地元の人に知られる山であった。寒霞渓と呼ばれるのは儒学者の藤沢南岳により意味の良い文字につ

け替えられたからである。屹立する岩峰、揺らぐ大岩を乗せた峯、岩壁、そして秋には見事に紅葉する木々。その下の登山道を歩くと次々に意表を突いて岩峰が現れる。渓谷の美しさと岩峰が山頂への道を形成する。これを見た南画家の富岡鉄斎は大作を残している。手本としていた中国の南画の風景が日本のここにあるという感激にあふれた絵である。

　長西栄三郎（1834-1912）は醤油醸造業で財を成した。その財を寒霞渓の土地を買い上げるために寄付した。明治時代初期この寒霞渓の土地が外国人に買い占められるという危機感から地元民としての義挙に出たためであった。神懸山保勝会はこの土地を管理してきた。瀬戸内海国立公園に指定された土地の多くが私有地であるため、観光開発による景観の損壊を試みられる中で、寒霞渓は自然保護・景観保全を中心としたポリシーで運営が続けられてきた。まさに守るべき景観を法人にゆだねる方式は英国のナショナルトラストの精神を先取りしている。

　寒霞渓には景観の見どころとして、表十二景、裏八景が指定されている。それぞれの景色に名前が付けられ、風景を鑑賞する方式である。その意味する通りに景色が見えるであろうか。筆者はその内でも裏十二景の内の石門をお勧めする。そばの岩窟にはめ込まれるようにして建つ小豆島四国札所18番石門堂の建物と作る秋の景色は美しい。古い時代の火山噴火による溶岩に起因する固い疑灰角礫岩に守られた地質と、差別浸食された崩れやすい元の岩石の地質がこのような独特の谷間の風景を作っている。この辺りには独特の植物も多い、乾燥しがちな岩場に生える植物でカンカケイニラ、ミセバヤ、セッコク、フウラン、ショウドシマレンギョウなど寒霞渓の名前を持つものもある。

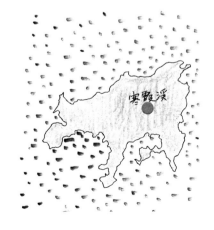

07 自転車で巡る自然とアートの島「豊島^{てしま}」

宮﨑　颯

　豊島へのアクセスは岡山県宇野港から小豆島へ向かうフェリーの途中
での下船の他、香川県高松港から高速艇に乗り途中直島を経由して豊島
へ行くという方法がある。私は高速艇で豊島へ向かったが、１時間程度
で高速艇は豊島へと到着する。

　豊島は岡山と香川のちょうど中間に位置しており、島の周囲は約20キ
ロメートル。島中を巡るシャトルバスもあるのだが、この島を楽しむた
めには自転車での移動がおすすめのようである。

　島にはいくつかのレンタサイクルを提供している場所があり、私たち
と同じ船で到着したと思われる人々が港の近くで自転車を借りていた。
私はパンフレットに載っていた近所のガソリンスタンドでマウンテンバ

イクを借りることにした。この島は坂道が多く体力的に不安がある方は電動自転車をレンタルするのもひとつの手である。

　無事自転車を手に入れた私はまず、豊島美術館を目指すことにした。本日の天気は快晴、11月も下旬に入り島の木々は綺麗に紅葉しており、農家の方によって綺麗に整備された棚田や瀬戸内海の海。自然に溢れた豊島はサイクリングにはうってつけである。

　美術館を後にして、別の道から港を目指していると、現代アートがあることを示す旗が目に入った。豊島にはこのような形で10以上のアート作品が存在している。

　なにやら変わった形をしているアート作品であったので入ってみた。そのアートは島中の使われなくなった廃屋の窓や木材を集めて作られ、塩田千春さんという芸術家の手がけた『遠い記憶』というアート作品だそうだ。

　廃屋の窓や扉の持つ過去と、現在とをトンネルという形でつないでいる作品で老朽化が進んでいるが多くの根強いファンがおり、未だにアートとして残り続けているそうだ。実際に作品内部のトンネルに入ってみると、廃屋の窓や扉の持っている懐かしさのようなものを感じることができ、居心地のよい空間で、まさしく現代アートと呼ぶにふさわしい作品であると感じた。

　このほかにも豊島には多くのアート作品があり、カフェや店自体がアート作品として展示されているものもある。

　今回は、島内のすべてのアートを巡ることはできなかったが、みなさんにも是非豊島を訪れてほしい。その際には、きっと自分の気に入るアート作品を見つけることができるだろう。

08 和みの空間　豊島美術館

藤田　大智

11月23日、小豆島の隣にある豊島を訪れた。

私は小学校の頃一度だけ訪れたことがあった。

そのときの印象は産業廃棄物問題に苦しめられた島ということである。過去に多くの産業廃棄物が不法投棄されていたのである。

しかし、今回訪れた印象は全くそれを感じさせないものであった。自然豊かで景色もきれいな島である。また、自然だけでなく、たくさんのアートが島にはあった。

今回訪れたのは、トムナフーリ、豊島美術館、遠い記憶、豊島横尾館である。その中でも印象深かったのが豊島美術館である。

自転車を借り、ひたすらアップダウンのある坂道を進んで行くと、大きな棚田と道を挟んで反対側に豊島美術館があった。

白いコンクリートの建物が美術館であるようだが、外見ではあまり美術館らしい雰囲気ではない。それは、中に入っても同じだった。

私の美術館に対する極端なメージは、絵画や石像のような作品がたく

さんある場所である。しかし、ここには全くそれらしいものはない。

　外で靴を脱いで中に入ると、全く仕切りも柱もない建物で、特にこれといった芸術的作品は見られず、天井には二つの大きな穴が空いているだけである。

　少し歩いていくと地面に水滴があった。そのとき、中に入る前に「皿や玉も作品なので触らないでください」言われたのを思い出した。辺りを見回すと小さな玉や皿のようなものもある。

　正直これが作品なのかと疑問を感じた。しかし、ずっと眺めていると急に水が動き出し、小さな穴に吸い込まれていったのである。逆に小さな穴や玉から水滴が出てきているところもある。

　それと同じ光景が建物内のいろんなところで起こっている。水が湧いてきては、穴の中に消えていくのである。

　静かな建物の中には水が穴の中に落ちていく音が響き、天井に空いた大きな穴からは日差しが差し込み、風の音や鳥の声が聞こえてくる。

　しばらくいると、これら全てが作品なのだと分かった。目で見るだけでなく五感すべてを使って、このアートを味わうのである。

　この謎の建物が作り出す空間は、訪れる人を和ませ、時間を忘れてずっとその場にいたいと感じさせる。私たちが訪れて帰るまでの間、全く同じ姿勢で水を眺めている人もいた。

　島の人の話を聞くと、一日中そこに滞在している人もいるようで、また雨の日などには違った良さがあるらしい。

　時間を忘れて落ち着きたいときには、この豊島美術館は絶好の場所である。

09 もどってきた学校

葛西　真子

　ふと、男木島に行こうと思った。

　高松港から赤くて小さい船「めおん」に乗って40分。女木島を経由して男木島に到着。

　島に着くと、港近くに少し大きめのプレハブ小屋のようなものがあった。その周りを囲むフェンスには、水色や黄緑で風景の絵が描かれている。実は、これは平成26年に建てられた、男木島の小・中学校の仮設校舎。平成20年に小学校が、平成23年に中学校が休校となった男木島。

　島に子どもが戻ってきて、3年ぶりに再開された新しい島の学校だ。

　男木港から歩いて30分。看板に従い、緑に囲まれた道を歩いて男木島灯台に着いた。海面近くに立っているこの灯台。海と島の緑と灯台が一緒に見られるため撮影スポットにもなっている。私が行ったときも、砂浜に

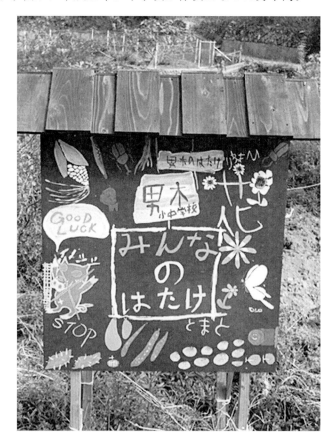

三脚を立てて写真を撮っている方がいらっしゃった。また灯台の周辺には、水仙が一面に広がる遊歩道がある。水仙の見ごろは2月上旬から3月上旬。11月下旬の今は、水仙の葉が遊歩道の両端にぎっしりと続いていた。一面の水仙畑。想像しただけでもワクワクだ。花の咲く時期にまた来ねば！

　灯台からの帰り道、行きとは違う道で帰りたいと思った私は灯台の後ろにある山へ続く道を歩いた。

　しばらく歩いただろうか。ふと前を見ればイノシシがいた。幸い、イノシシの方が素早く逃げてくれたため私はそのまま進めた。

　その道を登り切ったゴールは展望台になっていた。机とベンチがあり、瀬戸内海を見渡せる。結局、道は1本しかなかったためまた同じ道を下り、灯台から港までも同じ道で帰ることに。

　お昼ごはんは帰り道の途中で見つけた「お食事亭　円（まどか）」にて、刺身定食をいただいた。日によって刺身が変わるそうで、私はオリーブハマチだった。おぼんいっぱいにある小皿と量が多めのお刺身。これで1000円は安い。また、店内にはカウンター席があり、そこに座ると目の前に海が広がっている。お店は何年も続いているように見えたが、こんな素敵な席が、ずっと前からお客さんを楽しませたのかと思うと、何だか嬉しかった。

　その後もしばらく島を歩き回り、いよいよ帰ろうかと船の待合所へ。

　待合所の壁には模造紙で作られた男木島小・中学校の活動の記録が写真つきであった。島の方々と子どもが一緒に写っている写真。みんな笑顔だ。島の笑顔が今後もっと増えていくといいなと思ながら、帰りの「めおん」に乗った。

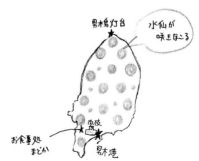

10 鬼ヶ島伝説を体感

鈴木　敦也・天木　克哉

　高松港からフェリーで20分。私の住む町の近くに伝説の鬼ヶ島があるとは知らなかった。料金も往復で千円もしないので気軽に行く事のできる場所だ。

　島に到着し、驚いたことがあった。なんと港にご飯を食べるところがあるではないか。

　おでんやうどんといった寒い季節にはうれしいものばかりある。お昼はここで食べるしかないなと思いつつ、女木島最大の見どころ鬼ヶ島大洞窟へバスで向かった。バスで行くのが最も簡単に行く方法であるが、港で電動自転車を貸し出ししているので景色を楽しみながら行きたいという人にはこちらがおすすめである。大洞窟に到着すると鬼の本拠地とだけあって鬼が見張りをしている。洞窟は入り口付近が狭く、かがままないといけないぐらいであった。しかし、奥に入るにつれて広くなっていた。入り口から少し奥に入ったところにある「玄関口」という地点にある看板によると、洞窟は人の手で造られ、要塞のように構築されており、「玄関口」から中ほどにかけては防御しやすく、中ほどから出口にかけては逃げやすい構造になっているらしい。この説明を読んで、洞窟の入り口と中に狭くなっている部分があることに納得した。それと同時に人の手で、約400メートルの洞窟が掘られたということに驚いた。

　洞窟から出ると見る人は必ず感動するものがある。それは柱状節

理というもので、五角型、六角型の石が材木を積み重ねたようになっている。主に火成岩に見られる現象で、露頭に見られる規則性のある割れ目の事を言うそうだ。今から5百万年前火山の噴火によって自然にできたものであるが、天然の物とは思えないほど形が整っている。高松市の天然記念物に指定されており、一度は見ておいて損はないと思う。

　行きはバスを利用したが、帰りは歩きで帰ることにした。洞窟は山頂にあるので、帰りは歩いてみるのも良いかもしれない。島の頂上から周囲の景色を味わいながら帰ることができた。

　帰る途中で、女木島に来たら見てほしいものがもうひとつある。それは沿岸部に築かれたオーテという石垣の独特の風景である。女木島では、冬になると北西方向の季節風が山頂にあたり、オトシと呼ばれる強風が山頂から東岸に吹き込んでくる。そして、この石垣は冬の強い潮風から家を守るためのものである。同じ沿岸部でも風の当たり方が違うため、場所によって石垣の高さが異なっているというのもおもしろい。

　港につきお昼ご飯を食べようと思い、メニューを見ていると地元のおじさんがメニューには載っていないであろう、うどんを食べていた。お店のおばちゃんに食べることが出来ないかと尋ねてみると、「あれまかないだよ。あんなのでいいの？」と笑いながら作ってくれた。これが、野菜が多くとても美味しい。寒い時に行った事もあり、出汁が冷えた身体を暖めてくれる。女木島に行かれた方は交渉次第で食べることが出来るかもしれない。

　今回は、オールシーズンで行ける場所に行ったが、女木島には多くの観光スポットがある。恋人岬などカップルでおすすめの場所もあれば、春には桜が咲き夏には海水浴場がある。四季で楽しめる島であることを堪能して欲しい。

11 自然・建築・アートが調和する美術館

藤田　大智

12月13日、直島を訪れた。

　直島は、アートの島として有名である。

　地中美術館やベネッセハウスミュージアムのような美術館だけでなく、海の家や町の役所、小学校までもがアート作品のようである。

　同じ船には外国の人も乗っており、島の中を自転車で移動している際にも多くの外国人とすれ違い、世界的にも有名な島なのだと思った。

　そんな直島に降り立ち、標識に従いながら地中美術館やベネッセハウスのある方向を目指していたはずなのだが、途中で道を間違えてしまったようである。

　しかし、遠回りではあるが、道なりに進めば目的地に着きそうだったのでそのまま進むことにした。

　海や山などの自然、建物などを見ながら進んでいくと、ようやくベネッセハウスミュージアムに辿りついた。

　遠回りではあったが、アートを見る前に景色を楽しむことができた。

　中に入ると、多くのアートがあった。

　それらの中には絵画のようにその一つの枠組みの中や作品だけで完成と言えるものも多くあったが、それだけでは完成とは言い難い作品も多くあった。

　それは、アート・自然・建築の全てが調和してこそ完成と言える作品である。

　その一例として「天秘」という作品があった。高い壁に囲まれ、天井は吹き抜けとなっているスペースに大きな2つの石がある。

　そこに座ったり、寝転んだりすることで空を眺めることができる。

　その区切られた空間で空だけが見え、普段何気なく見ている空とはまた違ったように感じる。

　その日は風が強く雲の流れを感じることができたが、天候や季節によって違った空を見ることができるだろう。

　このように、作品自体だけでなく、建築や自然と組み合わせることで初めてアートと言えるものも多くあった。

　実際にこの美術館のコンセプトは「自然・建築・アートの共生」ということであった。

　この美術館は海沿いの山の上にあり、アートとともに豊かな自然も同時に感じることができる。建物の構造がその自然とアートを調和させる役割を果たしているようだ。

　どれかが欠けても成り立たない、まさに「自然・建築・アートの共生」をぜひこのベネッセハウスミュージアムにて感じていただきたい。

12 個性的な島

大賀　崇宏

フィールドワークへ行こうと思い続けていた。

　私は高松駅で降りてフェリー乗り場まで歩いた。場所がわからなかったので看板を見てみると、直島行きの文字があったのでそこの窓口に向かったのだが、強風のため運休という絶望的な文字が並んでいた。

　しかしフェリーは見た感じでは動いていたので1番と書いてある方へ並んだが、直島行きと書いてあるフェリーが四番へ来たので半年ぶりの本気の華麗な走りを周りの聴衆に見せつけながら向かった。フェリーに間に合い、疲れていたのですぐ眠りについた。

　起きると目の前には何度も写真で見たことのある赤色と黒のカボチャが見えた。海沿いに巨大なかぼちゃが地面にのめりこんでいる感じがして、異様な光景だった。そのかぼちゃは中に入ることができ、子供が遊べそうだった。

　私は直島に来たのだという実感が湧いてきてワクワクした。島内の移動手段は、バスと自転車の二つで悩んだが、なんの根拠もなしに自転車を選んだ。

　腹が減っていたので、雑誌にも載ってい

る港の近くにあるcinnamonというカフェへむかった。カレーが有名だということだったのでカレーを注文した。かなりおしゃれなところでアートの島にはぴったりな店だった。

　それから少し自転車をこいで007赤い刺青の男記念館に着いた。そこは一見普通の古い民家で、その敷地に入ったところにあった。外に大根が20本ほど干してあり、本当にここに記念館があるのか不安になったが、入り口をみつけた。かなり手作り感のある記念館で、香川の学生が描いた個性の強い心臓の絵とジェームズ・ボンドのポスターがたくさん貼ってあって不思議な記念館だった。

　そして、その後自転車をこいで地中美術館の方へ向かった。凍えるような寒さと飛ばされそうな風で後悔した。バスに乗るべきだったと。死に物狂いで自転車を進めると美術館らしき建物が見えてきた。

　脱力感に襲われながら入場券売り場に行くと、料金は2060円。予想外の値段にびっくりして財布の中を覗くと750円ほどしかなかった。おろすべきだったと後悔しつつ休、憩所で次の目的地を探すも入場料はどこも千円超え。

　私は自転車をこいで島の自然に不思議と溶け込んでいるアートを楽しんだ。秋には紅葉がきれいそうな木々がたくさんあり、海沿いでは眺めのいい海と太陽があった。

　私は時間に余裕がなくなってきたのでそのまま帰省した。移動手段はバスがお勧めだ。一つ言っておくべきことは地中美術館はとてもすごいところらしいということ。大人でも子供でも楽しめて絶対行くべきだということだ。

　直島は自分らしさを周りを気にせず自由に出していて、一日居ても飽きない島だった。一度来るときは一泊するのもいいと思う。

13 直島の家プロジェクト

宮﨑　颯

　直島は瀬戸内海に浮かぶ島の一つであり、この直島は島の至る所に現代アートがあり楽しめることで知られている。全面ガラス張りでおしゃれな風貌をしている待合所、そして港のすぐそばに建てられた草間彌生さんのアート作品である赤いかぼちゃのオブジェとそれらを撮影する人々、観光に来た外国人客の集団。船を降りた瞬間、これまで訪れた島と比べて違和感を覚えた。

　島での移動手段は、レンタサイクルのほかに自動車や原付、バイクと様々で、ウォーキングマップもあるので徒歩というのも選択肢の一つである。私はレンタサイクルを借りて、島のアートを巡ることにした。

　自転車を走らせることおよそ10分ある奇妙な建築物を見つけたので入ってみることにした。その建物は「はいしゃ」という現代アートで外見は秘密基地のような家屋でレトロな雰囲気が漂っている。様々な色でカラフルにペイントが施された部屋、突然室内に現れる自由の女神の

オブジェなど、次の部屋には何が待ち受けているのかという期待感で非常にわくわくさせられる空間であった。「はいしゃ」という題名のとおり、元は直島の歯科医院であったというこの建物であるが当時の面影はほとんど残っていない。

　直島の本村地区ではこのように古い家屋を改修し、家の空間そのものを現代アートとして作品化している。これらの作品は家プロジェクトと呼ばれており、共通チケット（1,030円）を購入するか、ワンサイトチケット（410円）を購入することで見学することが可能だ。私は共通チケットでその他の家プロジェクトを回ることにした。「角屋」「護王神社」「碁会所」と隣接する家プロジェクトを見学し、最後に「南寺」と呼ばれる家プロジェクトを見学することにした。

　私が最も印象に残っている家プロジェクトがこの「南寺」だ。まず、係員に案内され、指定の座席へと着くのだが初めは何も見ることができず自分の手足すらも確認できない暗闇の空間で待つこととなる。しかし5分から10分座って前を見ていると何となく明るくなっているということに気づく。暗闇に目が慣れてしまうとこの部屋はこんなにも明るかったのかという不思議な体験をできる、人間の感覚を利用した現代アートである。最初は、これが果たしてアートなのだろうか、という疑問を持つ方もいるかもしれない。一般的にアートは美しいものであると考えがちだが、この南寺は美しさ以外でも人々を感動させる、まさしく現代アートと呼ばれるにふさわしい作品だろう。

　直島は家プロジェクトだけでなく島全体のあらゆる場所に美術館やアートが溢れており、中には人の感覚すらも利用してしまうアートもある。現代アートの持つおもしろさに触れることが出来るのも直島の持つ魅力のひとつではないだろうか。

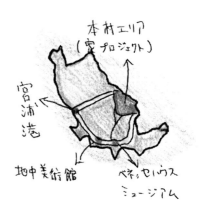

14 ちょっとした非日常体験？

吉田　翔

坂出駅からバスに乗って約40分、岩黒島にたどり着いた。

普通、島への行く手段として船を使う事が当たり前のように思われるかもしれないが、岩黒島は瀬戸大橋の真下に位置しており、なんとバスとエレベーターで上陸する島なのである。

瀬戸大橋のほぼ真ん中ほどに位置する岩黒島バス停で下車をすると、まず階段が目の前に現れる。

その階段を下りると歩行者用のトンネルが現れ、そこをくぐって岩黒島行きのエレベーターに乗るのである。

そのくぐったトンネルも、人工的で無機質なトンネルであり、なんとなく日常から離れた気持ちにさせてくれた。

　そして岩黒島のエレベーターに乗ると、エレベーターの窓からは円形状のループした道路が目の前に広がる。

　その光景は、すごく圧巻であり、また私の冒険心をあおるようであり、とてもわくわくとした気持ちにさせられた。

　このように、岩黒島に上陸するまでの道のりで、日常から非日常に迷い込んだかのようにさせられるのである。

　そしてエレベーターが一階に着いて降りると、ループした道路を真下からみることが出来る。

　この道路はどこから見てもとても魅力的で、写真に収めたくなるほどであった。この人工的な建設物を横目に歩いていくと、一変して岩黒島ののどかな日常をみることが出来る。

　岩黒島は漁業がさかんであり、民宿では昼でも新鮮な魚を使ったランチを食べることが出来る。

　このランチは1週間前からの予約が必要なため、もし岩黒島に来て食べてみたい人は事前の予約をお勧めする。

　また、春になると参道が桜道になる初田神社、岩黒島の粘土で作られた狛犬などが観られる一方、島の真横には瀬戸大橋がそびえ立っているため、どこからでも橋を見ることが出来る。

　岩黒島の中は、とてものどかな一方、瀬戸大橋や無機質な建設物が立っているこの空間は、他の島とはまた別の魅力がありとても良いものであった。

　是非、少し変わった島に行ってみたい方は岩黒島に行くことをお勧めする。

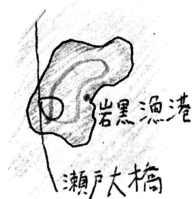

15 いろは石は島のこころ

三野　まりや

　船を降りて辺りを見渡すと、真っ先に目に飛び込んできたのは巨大な石の記念碑。一目で島のシンボルだと分かるその石碑には、「いろは石の島」の文字が刻まれている。

　石碑の大きさに圧倒されつつも歩を進めると、次は島の案内図を見つけた。すると、ここにもいろは石の文字が。なるほど、塩飽広島はいろは石の島のようだ。

　道行く島民の話によると、いろは石とは、広島の特産であるみかげ石を材料に、塩飽諸島広島出身の書道家である藤本玄幽氏が、島の観光祈願のために製作した45基もの石碑であり、いろは歌に登場する文字をモチーフに、江の浦〜茂浦〜市井へと左周りで道沿いに建てられたものであるということであった。

　島の案内図によると、わたしが辿ってきたルートは、江の浦から東の立石地区を通って、島の東側を約12キロ半周するコース上であることが分かった。もっとも、普段ほとんど運動をしない私が12キロも歩けるわけはなく、今回私が出会うことができた石は「い・お・く・や」の４種類であったが、それでも私なりに得られるものは大きかった。

　島の探索を始めて数十分、なれないフィールドワークと島独特の暑さに早くも心が折れそうな私の目の前に現れたのは、「苦は楽の種」と刻まれた石碑と、果てしなく広がる海、青い空であった。

　心にズシン、ときた。私はこの島に、何かを得る為に来たのではなかったか、そう考えさせられた。この石碑は、ただ格言が書かれた石碑として存在するのではない。それぞれの石の周りの環境、景観、見るひとのその時のこころの状態など、様々な要素が絡み合い、意味のあるものとして存在するのだ。

　今思えば、「苦は楽の種」と刻まれた石碑は、丁度いろは石めぐりを試みる人々の足取りから軽やかさが失われつつあるポイントに置かれていたのではないだろうか。まんまと戦略にのせられたものである。

　島の自然が作り出すこの仕掛けは、島のことを知りつくした人にしか成しえないものであり、正に島のこころ・核をつくる要素になり、島のこれからを考える鍵となると思った。

　今回私が出会ったのは、こころのかたちを映し出す「いろは石」であった。この夏（2014/7/28現在）、残りのいろは石を探しに、再び広島を訪れてみようと思う。

　今度出会う、いろは石は、どのようなかたちをしているのか楽しみである。

「苦は楽の種」

16 島民を支える広島のコミュニティバス

宮碕　颯

　まず、私は広島に到着して青木と呼ばれる集落に徒歩で向かった。

　広島は採石が主要産業であり、中でも青木集落は採石場が多く存在するため、それを実際に見るために青木集落を目指していた。

　港を出て5分ほどして、道路を歩いていく私の横をコミュニティバスが通り過ぎていった。そのとき初めてコミュニティバスの存在を知り、乗ればよかったと後悔した。

　しばらく歩いているとバス停を発見しバスの時刻表を見ることが出来た。見つけた瞬間はここでバスを待っていればまた乗れるかもしれないと期待したが、広島のコミュニティバスは2時間に1回程度のペース島の集落を巡っているだけだった。

　そして２時間以上の時間をかけて歩き、青木集落に着いた。最初、地図で見たときは近いと感じたが、なかなかたどり着けず広島は実際に歩いてみると非常に大きく感じる島であった。

　青木集落で見つけた島唯一の商店のとなりにバス停があったため、そこでバスを待つことにした。

　バスの利用料金は、１回200円で、江の浦、立石、釜の越、甲路、青木とすべての集落を巡回している。島民は、バス停ではなく家の前で降りる人もいるそうで、車を運転できないお年寄りや、車を持たない人々にとっては、非常に心強い味方である。広島のコミュニティバスは2009年２月から運行が開始され、島内でデイサービスセンターを運営するNPO法人・石の里広島により運行されている。

　広島にはいろは石、旧尾上邸等の見どころのほか、夏には江の浦海水浴場も多くの人で賑わうそうで、私が訪れた青木集落の砂浜からは美しい瀬戸内の海の風景を見ることが出来る。

　商店の店主のお話によると、美術の大学に通っている学生が風景を描くためにこの広島を訪れることも多いらしい。

　アート作品があるわけではなく、決して栄えている島であるわけではないが、島の豊かな自然、海の美しさを実際に肌で感じることのできるのがこの広島の良さであると感じた。

　コミュニティバスで島を一周できるので自分の好きな場所を見つけてみるのもこの島の楽しみ方の１つかもしれない。

17 広島と青木石

岡　滉二郎

　5月末、塩飽諸島の中で最大の面積を誇る広島を訪れた。

　広島は採石で有名である、ということを広島行きの船の中で現地の人に教わった。どうやら島の至る所に採石場があるとのこと。

　実際に船から広島を見ると多くの採石場が確認できた。その採石場から採ることのできる青木石は広島の特産品である。現在では墓石材や石像、造園などに利用されている。今回私が歩いた広島の西側には、青木石を見かけることの出来るスポットがいくつも存在した。

　島を歩いて一番見かける回数が多いのは、島を囲むように立てられている「いろは石」という石碑だ。この石碑には青木石が使われており、島を歩いていると何度も出会うことになる。一つ一つ違う言葉が書かれ

ており、石の形もそれぞれ違うのが特徴的だった。

　また、島の外周を通る道路の側に積み立てられている石壁にも、青木石が使われていた。規模は様々で、小さい石で積み立てられた低い壁から、ごつごつとした大きな石が使われている高い塀まであった。

　島の西部にある心経山のふもとには石の里資料館がある。廃校になった小学校を再利用して開かれており、資料館には石屋の道具など採石に関係のあるものから、生活の道具など島にまつわる展示品もあった。

　ここまでいくつかスポットを挙げてきたが、今回私が一番おすすめしたい場所は、採石場そのものだ。

　採石場がおすすめスポットと言われると不思議に感じるかもしれないが、実際の採石場を近くで見てみると圧倒されるような迫力を感じられるのである。

　切り崩された石山の雄大さ、その規格外のスケールは足を止めて見る価値が十分にあるものであった。その中でも特に大きい採石場は迫力も段違いだった。

　島の外周には複数の採石場があるので、それぞれが独特の形をしており見比べることができる。荒々しく削られた石の山をかなり近い距離から見ることは、普段の生活ではあまり経験できないことなので、とても新鮮であった。

　石碑や塀などの加工された青木石と、採石場にある自然そのままの青木石のどちらも楽しめる島だった。

18 広島の運動会

葛西　真子

　2014年6月1日日曜日。現在は休校となっている広島小学校で、島の運動会が開催された。参加者は島のおじいちゃんとおばあちゃん。広島の近くにある手島からも参加者の方が来られ、島の6地区と手島を含めた計7地区による地区対抗戦で行う。

　開始前に配られたプログラムを見ると、「缶ペキの母」「やせる思い」などのユーモアのある種目名が並んでいる。期待がふくらんだ。

　「縄ない」という種目もある。写真がその様子だ。各地区から5人が参加し、わらで縄をいかに早く、長く、キレイに編めるかを競う。参加者の中には手押し車をおして歩くおばあちゃんも見られた。私は正直、「大丈夫なのかな」と思ったが、始まってみると、そんな心配は、不要だった。どのおじいちゃん・おばあちゃんも、平均して1分間に1メートルも編んでいく。編む体勢は片ひざをたてたり、

中腰になったりと人によって様々だ。私も周りの人も思わず観客席を離れ、グラウンドへ出て近くに行って見入っていた。

　種目には地区対抗リレーや個人の50m走もある。出場者は種目前にその場でパパッと決める。「私はもう走れんわ〜」「あんた若いけん走って〜」の声が飛び交う。私も出場させていただいた。どの地区も若い人の参加が多かったが、応援は各地区とても盛り上がっていた。

　どの種目の観戦も、みんなテントの中から行う。影になって涼しいからだ。暑さを考慮し、最後の閉会式もテントの中で座ったままで行われた。このラフさがいい感じだった。

　正直、この運動会に参加する前はおじいちゃんとおばあちゃんばかりだから運動会といっても、あまり動き回らないのではないかと思っていた。（ごめんなさい。）ですが実際はみなさん、走る、投げる、笑う！びっくりした。元気と活気であふれていた。

　この運動会には私のように島外からの参加者もいる。だが、参加と応援するのには島内外出身かどうかは全く関係なかった。優しさと感謝を胸いっぱいに感じられる、暖かい運動会だった。

　さて、同年11月にまた広島を訪れた。その時にこの運動会で一緒にお話をしたおばあちゃんと偶然再会。私の顔を覚えていてくれて「運動会に来てくれた子やね。また来てくれたんやね〜」と声をかけていただいた。ものすごく嬉しかった。しばらくお話をし、最後に私の名前をお伝えしてお別れした。

　また広島に行こう。

採石場がたくさん

19 減りゆく島民と未来

天木　克哉・鈴木　敦也

　私は、今回のフィールドワークで広島の中でも最も過疎な地域とされる市井に行った。市井は総人口30人、そのうち65歳以上が21人の超高齢社会だ（2010年のデータ）。

　実際に行ってみて、確かに人をあまり見かけなくて、家も写真のように荒れているところが多いように感じた。ただ、町に設置されている掲示板の予定表カレンダーがちゃんと更新されていることから、自治運営をするだけの人はいるのだと分かった。

　市井と丸亀に家を持っていて、市井に来ていた男性にお話を聞かせてもらった。その男性によると、10年ほど前にあった店はなくなってしまい、普段買い物をする場所はないけど、移動バスによる販売が週一回行われていて、スーパーのお惣菜などが売られているそうだ（補足：丸亀市社会福祉協議会連携によるもので、３月12日から丸吉デパートが行っている。食料品や日用品が売られていて好評だ。「ふれ愛の町ひろしまをつくる会広報紙　ひろしま　平成26年５月１日発行」より）。

　島から出て買い物のできる人はまだ買い物に出て行けるのでいいのだが、市井は出る元気のない高齢者がほとんどだと思う。だから、この移動販売によって安定した生活を送れるようになって良かったと思う人は多いと思う。

　人口は15年ほど前から、石材が売れなくなったり、石材が採れなくなったりして仕事が減ったのにあわせて減少したそうだ。今は、石材屋や大工の仕事が少しあるくらいで、若者はだいぶ前からいなくなってしまったそうだ。

　仕事の減少により若者が減っているそうだ。だから、人口を維持増加させるためには仕事を増やす必要がある。若者が減っているので、新たな産業を興すのは難しいと思う。だから、元からあった採掘関連の事業を伸ばすのがいいと思う。

　しかし、石材採掘量の減少と需要の減少という2つの問題がある。

　採掘量の減少は採掘技術の向上以外では改善できないと思うが、需要の減少はどうだろうか。江の浦から市井に向かうあいだに、文字が刻まれた石碑や石材を椅子やテーブルに利用しているものを見かけて、石材で栄えた島ならではの光景だと思い、面白いと感じた。これと同じように、人が面白いと思えるものが石材で作れたら、需要はある程度回復するのではないかと思った。

　独特の文化を持った地域が過疎により廃れてしまうのはとても惜しいので、過疎はこれからの人口減少社会の中で考えていかなくてはいけない課題だと感じた。

参考URL: http://toukei-labo.
　com/2010/nenrei.php?tdfk=37&city=
　37202&id=12

20 島民の手作りアート

葛西　真子

　島に着いてまず目に入ったのは、手作り感満載の「ようこそ小手島へ！」と書かれたカラフルな歓迎の看板と、島の地図。

　明るくて元気のある島の入り口だ。「アートの島」ともいわれる小手島。これから何が待っているのだろうと心が躍った。

　島には「アートロード」とよばれる道がある。これはアート作品が集まっている通りだ。その道沿いには、海の浮きとして使うブイで作ったオブジェや、愉快なかかしの家族、木で作られた小人などがひょっこり

と現れる。口では説明できないような「何か」もある。

　前方に作品らしきものが見えてきたら、早く見たくて思わず小走りになった。「あれは何？」「これは何？」と、思わずクスッとしてしまうユーモアあふれる作品たちであふれている。

　小手島にある作品は島の会長や会長の奥さん、東京や鹿児島などからきた芸術大学生、さらにはフランスのアーティストの手によって作られたそうだ。

　どの作品も、不思議と島の自然にとけこんでいて、それらは小手島にとって欠かせない存在になっている。もはや島民のようになっている作品たちを見て島を歩けば、どんどん小手島が好きになっていく。

　印象に残っている作品は、竹で額縁を作り（中は何もない）、その額縁に「一枚の絵」と文字が書かれているものだ。この作品は海に面した道の横にある。人の身長と同じくらいの高さにこの額縁があるため正面から額縁全体を見ると、額縁の中にはちょうど瀬戸内海とそこに浮かぶ島々が写りこんでいる。自然の一部を切り取った「一枚の絵」ができあがっていた。粋な作品だと思った。

　ほとんどの作品は草が生えている道端や畑の横にある。私たちが訪れたのは５月。雑草が元気よく成長する時期だ。しかし、どの作品も茂った雑草で埋もれる、またはボロボロになっているということはなかった。これは島の方々がきちんと管理をされているからだろう。もし、手入れもせずに放っておけば私はこんなに鑑賞を楽しむことはできなかった。島に住む方々が作品を大切に思う、優しい気遣いが感じとれた。

　国際的にも注目を集めている瀬戸内海のアート。小手島のひと味違ったアートもぜひおすすめしたい。

21 アートと、人のぬくもりと

赤﨑　愛斗

　2014年5月31日。私が生まれて初めて訪れる「小手島」という島は、丸亀港から船でおよそ45分かかる、その名の通り小さな島だった。しかし、小さいけれど、魅力にあふれた島だというのが私の印象だ。島の中を歩いていくと、島のいたるところに手作り感あふれるアートが存在しており、見る人の心を楽しませてくれる。

　また、竹林の中を歩けば、そこにはたくさんのタケノコが生えている。さらに浜辺に出ると、美しい瀬戸内の海を一望できる。私がこの島の魅力に気づくのにかかった時間は30分にも満たなかった。

　島を歩き続けて2時間。「思っていた以上に時間がかかったなぁ」と思いながらもようやく島をぐるりと一周し、疲れきった体で港周辺をゆっくりと歩いていた。すると、前の方から歩いてこられた島の方に「（集会所の中に入って）お茶でも飲んでいかないか」と声を掛けられた。

　私を含めたメンバーは、小手島についての情報をいろいろと聞くことのできるチャンスだと期待し、喜んで集会所の中に入った。

　集会所の中に入ると、そこには10人ほどの島のおじいちゃんおばあちゃんたち。私たちは期待していた通り、彼らから小手島ついてたくさんの情報を得ることができた。しかし、私がこの島で得た大切なものがもう一つある。それは「思い出」だ。

　その思い出とは、集会所に入って数分もしないうちに始まった、島のおじいちゃん・おばあちゃん主催の「プチ」カラオケ大会。「せっかくやけん、誰か歌わんか？」その言葉に誘われ、私はあまり躊躇することなくその輪のなかに入り、マイクを握った。

　しかし、握っては見たものの、緊張からなのか、なかなか思うように声がでない。「がっかりされたらどうしよう」という不安も頭をよぎった。しかし、私が歌うその姿を見て喜ぶおじいちゃんおばあちゃんを見ていると、徐々にその緊張が解けてきた。よし、思い切り楽しもう。

　結局そのカラオケ大会は２時間以上続いたが、私にはその時間があっという間のことのように感じられた。小手島のおじいちゃんおばあちゃんと素敵な思い出ができた。

　集会所での楽しいひと時を終えると、あっという間に夕方が来た。もう帰る時間だ。

　集会所を出て帰りのフェリーを待っているとき、急に切ない気持ちになった。島のおじいちゃんおばあちゃんとの別れを実感したら急にさびしくなったのだ。

　私は強く思った。また彼らの笑顔に会いに行こう。その思いを胸に、私は島をあとにした。

22 除虫菊が咲く島

葛西　真子

「除虫菊」。名前だけを聞いて、一体どんな花なのだろうと思った。何か恐ろしげだった。

　でも実際の除虫菊は、白いはなびらを付けた3センチほどのキク科のかわいらしい花。特に虫よけの、あの独特な匂いもしなかった。

　除虫菊は胚珠の部分に殺虫成分を含んでいる。

　花が咲いたら茎ごと刈取り、乾燥させて、千歯こぎを使って花を取り分けていたのだと、島のおばあちゃんが教えてくれた。島では花を出荷するだけで、加工は行われなかったそうだ。

　「インド麻のおぉーきいふくろに、足でふんで花を押し詰めたわぁ。」と当時を振り返って話をしてくれたおばあちゃん。その表情は活き活きとしていた。

　高見島での除虫菊の生産のピークは昭和40年前後。その当時は島は白

い花でおおわれていたそうだ。島の港にある船の待合所には、当時の写真が展示されている。それらの写真は白黒だが、花が一面に咲いている様子がはっきりとわかった。除虫菊は現在では観賞用として、島に点々と植えられている。

　2013年の瀬戸内国際芸術祭では、この除虫菊をテーマにした作品が作られた。その名も「除虫菊の家」。

　使われなくなった2階建ての民家を改装し、各階に作品を作っている。1階には最盛期のころの1枚の大きな写真が壁一面に貼られ、部屋全体がシックな雰囲気に仕上がっている。2階には火を付ける前の蚊取り線香と蚊取り線香の灰を使った作品が展示されている。どちらも高見島の歴史を現代的に伝える素敵な作品だ。作品は現在（2014年6月時点）でも残っている。

　高見島は至るところに季節の花が植えられている。畑や花壇など広さは様々だが、その中で数種類の花が丁寧に育てられている。

　高見島の両墓制の近くにある畑は花でいっぱい。その畑で作業していたおばあちゃんは「このお花はお墓に備える用やぁ。昔は出荷してたけど、今はもうせんなぁ。」とお話ししてくれた。

　そういえば、島にあるお墓には花がいっぱい。絶やさずに花を手向ける慣わしがこの島をやさしく包む。

　昔は除虫菊の白い花が島全体に咲きほこった高見島の今は、色とりどりの花が咲き乱れている。歴史と季節を花から感じる、そんな豊かな時間が島には流れている。

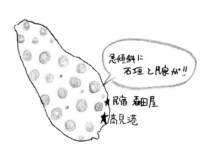

急傾斜に
石垣と民家が!!

★民宿 石田屋
★高見港

23 現在も続く佐柳島の両墓制

宮﨑　颯

　佐柳島には現在も両墓制と呼ばれる風習が存在する。両墓制とは遺体を埋葬する墓地（埋め墓）と石塔を建てて霊魂を祀るための墓地（詣り墓）という別々に二つの墓を作るというものである。

　佐柳島は本浦と長崎の2つの集落に分かれており、それぞれの集落に両墓制は存在している。

　本浦集落の墓地は台風でほとんどが流されてしまったようで確認することが出来なかったが、長崎集落では両墓制を確認することが出来た。

　最初に一目この両墓制の墓地を見た時、その墓地の数に驚いた。

　また、詣り墓は私たちにも馴染みの深い普通の墓であるといった印象を受けたが、埋め墓の方は墓地の下に丁寧に積まれた石と埋め墓の数の多さすべてが同じ方角を向いていることなどから少し薄気味悪さの様な

ものを感じた。

　この長崎の埋め墓は香川県の有形民俗文化財にも指定されている。

　長崎の周辺を歩いていると、近所に住む方に詳しい話を伺うことが出来た。詣り墓は一家につき一つであるということ。埋め墓が同じ方角（西）を向いているのは西方浄土からきており、西の浄土の方角を向いているということ。埋め墓は数が多すぎて家族でも見つけるのは少し手間がかかるということ。また、かつて埋め墓では遺体を棺桶に入れてそのまま土葬していたそうだが、現在では棺桶を作る人がいなくなり多度津で火葬した後に埋め墓に遺骨のみ埋葬しているそうで、そのために埋め墓は前者のように棺桶の形をしたもの、後者の墓は丸い形をしているということなど墓地を一見しただけでは知ることのできない貴重なお話を伺うことが出来た。

　長崎港のフェリーの待合室で佐柳島の両墓制について書かれた資料を読むことが出来た。

　両墓制はかつて近畿地方を中心に日本中に点在していたが、火葬が主流になるにつれて少なくなり佐柳島の両墓制は現存するもので日本最大規模と述べられていた。

　詣り墓には古いものは天保・安政の時代から存在するものがあり、非常に数が多く、存在する墓全てに綺麗に手入れが行き届いている様子から、島の人々の先祖代々続く風習を大切にしていく、という信仰心を感じた。

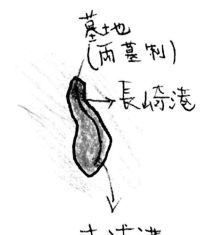

24 猫と文化のまち

鈴木　敦也

今回は、猫の島と言われるほど猫が多くいる佐柳島に行ってきた。

ここはかつて漁が盛んな地域であり、捨てられた魚を食べに来る猫が多くいた。その為、現在も猫が多くいるそうだ。

島に到着後、すぐに猫と出会った。この島、猫好きにはたまらない。

しかし、この猫たち今まで私が見てきた猫と何かが違う。

何といえば良いのだろうかお家で飼われているかわいい猫ちゃんたちではない。皆、野生の目をしている（野生だから当たり前なのだが…）。気になる方は是非足を運んでみて欲しい。

佐柳島の人口は現在102人いるそうだ。

この数字は定住者のみの数だそうで、実際は都市部に住んでいて、月に数回島に戻ってくる人も含めれば、もう少し増えるとの事である。

前回の広島に訪れた際もこのような都市部に住みつつ、島に家を持っている人が多くいたので、島の人たちにとってはこれがスタンダードなのかもしれない。

　佐柳島は香川県の中でも特に雨が降らない地域である。それを体現するかのごとく訪れた日の天気予報は雨の予報だったが、雨は降らず、むしろ晴れていた時もあった。

　水道設備が整っている現在は、水問題に悩むことは少なくなってきたが、水道設備が整っていない昔の住民にとって水はとても貴重なものであることは言うまでもない。

　その為、島には様々な神社があるが、雨乞いをする神社や儀式があると住民の方から伺った。

　例えばこの石、只の変わった形をした大きな石ではない。

　この石の周りを三周することで雨が降るといわれている石であるそうだ。記念に私も三周しておいた。猫に不思議そうな目で見られたのは良い経験であった。

　最後に、余談だが島の人々は互いに名前を呼ぶ際に名字で呼ぶのではなく、家号（一門・一家の特徴を基に家に付けられる称号のこと）で呼ぶのが主流である。

　これは同じ名字の人が多くいるのでわかりやすくする為だそうだ。

　島ならではの文化で興味深いものであった。

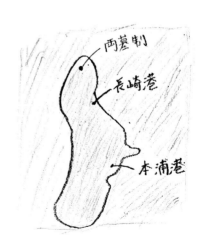

25 島に溢れる信仰

天木　克哉

　佐柳島は漁業により生計を立てている人が多い島だ。現在では長崎の10軒ほどの家が漁師をしている。港に船や船を整備するための施設があったり、島中に流れ着いたブイを利用したアートがあったり、船の上で釣りをしている方々がいた。そこからも漁業と密着した島の人々の生活を感じられた。島を歩いている中で気になったことは、海に向かって建っている神社や祠が多いことだ。海沿いの道を歩いている間だけでも、8つの神社や祠を見つけた。特に写真にある本浦の港から歩いて5分くらいの場所にある八幡神社は手入れがされており、ゴミや落ち葉などが落ちていなく、島の人々が八幡神社を大切にしていることが感じられた。

　それほど大きくない島の中で、多くの神社や祠が存在していることに疑問をもった。そこで島の方に話を聞いてみると、漁師が多いので海の神を祀っているものもあるそうだ。天候により命の危険にさらされたり、漁獲量により生活が左右されてしまう漁師にとって、神による加護は重要なものなのだと思った。

　また、島の人に話を聞いている中で、疑問に思ったことが1つある。それは、大天狗神社も海の

神として祀られていることだ。佐柳島の郷土史「佐柳島の理」には「毎月12、13日にお籠りをして願い事をしていた。…航海の安全や家族の安寧を祈ったのでした。」とあり、漁師による信仰がされていたことがわかる。天狗は民間信仰で、山地を異界と捉えそこで起きる不可思議な現象を天狗が起こしたものとするという考えから山の神とされることはある。しかし海の神と考える、ということは聞いたことがなかったので、大天狗神社が何故海の神として信仰されているのかと思った。島の方も理由まではわからないらしく、資料が残っているかもわからないそうだ。自分なりに理由を考えてみると、大天狗神社に祀られている猿田彦命は、神話の中で天孫降臨の際に瓊瓊杵尊の先導を行った神様なので、それと同様に漁にでる漁船を安全に導いてくれるように願ったものなのかと思った。大天狗神社は、島上空に強風が吹き荒れていて、それを抑えるために大天狗を祭り始めたという伝承がある。また、海上安全のために信仰されていた金刀比羅宮は、それに関係して航海の際に大切な風に対する信仰もあるそうだ。この２つのことから、風を操る天狗は航海を助けてくれるものとして捉えられたかもしれないと思った。

参考文献：『多度津町誌　平成二年　多
　　度津町発行』
　　『金毘羅庶民信仰資料集第一　昭和
　　五十七年　金刀比羅宮社務所発行』
参考URL：http://ja.wikipedia.org/
　　wiki/%E5%A4%A9%E7%8B%97

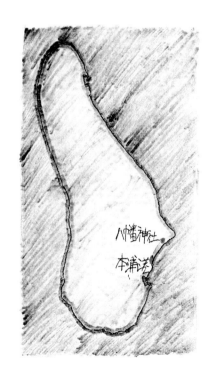

26 猫の島、佐柳島

吉田　翔

　多度津港からフェリーに揺られて約45分、猫の島とも呼ばれている佐柳島にたどり着いた。

　猫の島と呼ばれているのであるから、どれほどのものなのだろうかと期待してフェリーを降りると早速、１匹の少し目つきの悪い猫が出迎えてくれた。その猫はとても人懐っこく、私の足元へと遠慮なく近づいてきた。

　さすが猫の島と呼ばれているだけあるな、と感心して島を歩いて行くと、さらに驚くような光景が広がっていた。なんと猫が何匹も何匹も道路や階段などあちらこちらで日向ぼっこをしているのだ。車が猫に近づいてもおかまいなしにくつろいでいる猫を見ると何だか現実離れしたよ

うな気持ちになった。

　またその猫達も、島の外から来た私たちをみるとすぐに近づいてきて、歩いていく私たちの後を追いかけてきた。これほどまで猫が警戒心なく私たちに近づいてくるのには、何か理由があるのだろうか？

　佐柳島は、昔はとても漁業の活発な島であった。そして漁師が捕まえてきた魚の余りを猫が餌がわりにして、猫がどんどん増えていったのである。

　しかし佐柳島の海岸線沿いの埋め立て、瀬戸大橋開通による魚の収穫の変化、また若い人が都会へ働きにいったために漁業を継ぐ人がいなくなってしまい、佐柳島の漁業の衰退が起こってしまった。そして今まで採れた魚の余りを貰っていた猫たちは餌が少なくなり、減少してしまったのだ。

　しかし近年日本では猫ブームが起こり、猫をみたい、という人がネットや雑誌などの情報で少しずつ佐柳島に訪れるようになった。その影響により、島の人たちが猫に餌を積極的にあげるようになり、また観光客も餌を与えるようになったので、一時期までかなり減っていた猫が少しずつ増加していったのである。

　このような事があったため、猫は観光客を警戒することなく、むしろ餌をくれると思って人懐っこく私たちに近づいていたのだ。

　もし今度佐柳島を訪れる時には、猫の餌を買って訪れてみてほしい。

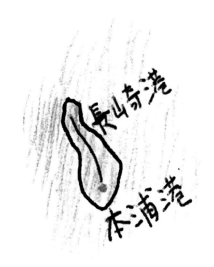

27 生命力あふれる大木

天木 克哉・敷谷　泰士

　志々島には推定樹齢1000年以上の大楠がある。

　根本周りが12メートル、樹の高さが22.5メートルの巨木だ。

　昭和48年4月28日には香川県の天然記念物に指定された。今回のフィールドワークではこの大楠を訪れた。

　9月26日の朝、フェリーから本村漁港に降り立った。

　大楠は島の北側にあり、大楠までは緩やかな上り坂になっていた。大楠に向かい始めてすぐは住宅地の細い道を通った。その道を通っている途中にお店があった。そのお店では、島に蚊が多いので、蚊取り線香をお接待として貸し出していた。私はその蚊取り線香を専用のケースに入れて、首から下げていくことにした。蚊取り線香のほかに、お店の方か

ら竹製の杖を勧められた。私は体力がないので喜んで借りた。実際借り
てよかったと思う。

　大楠へ向かう途中にお寺があり、そこに寄った。無人の寺で、障子が
破れたりしていて、あまり手入れされていないようだった。

　そのお寺の付近で、ハンミョウという虫をよく見かけた。全体的に
緑っぽく、背中の羽にオレンジの横線が一本入っているのが特徴的だっ
た。一匹だけを見ると割と綺麗なのだが、だいぶ数が多かったので、少
し気持ち悪いなと思った。

　また、ハンミョウの他にこの島では蜘蛛も多く巣を張っており、島を
巡る時は蜘蛛の巣と格闘することとなった。最初に杖を借りなかったら
蜘蛛の巣の処理に相当手間がかかっていたことと思う。

　大楠までの道は一応整備されているものの、だいぶ道幅は狭い。

　そして、その道のわきには背の高い草が生えている場所や、林のよう
になっている場所もあり、蜘蛛が巣を作るのにちょうどいい具合なのだ
と思った。

　杖を借りた場所から歩いて30分程で大楠に着いた。最初見たときはと
にかくその大きさに感動した。一本一本の枝が太く長く、横に広く枝を
張り巡らせていた。そのためか、枝を鉄の棒で支えている場所もあっ
た。大楠のすぐ近くに鳥居と小さな祠があった。そしてその祠の横に、
女の人が「不老長寿」と書かれた扇をもっている絵が、西瓜ぐらいのお
おきさのブイに描かれたものがあった。

　おそらく、島の方が、1000年以上も生きている大楠に強い生命力を感
じ、祀ったのだと思う。実際に大楠
を目にすると確かに元気をもらえる
ような、立派な木だった。

　これからも志々島を訪れる人や住
人に力を与えるような存在であって
ほしいと思った。

28 粟島にできる夢のゲストハウス

稲田　道彦

　ここで紹介するゲストハウスは現在、まだ存在していない。夢を実現すべく三人の若者が粟島で奮闘しているところだ。宮本晶音夫妻と藤賀(とうが)俊尚さんという、みんな30歳より下の若者である。粟島の西浜地区で、2015年の春に夢のゲストハウスの運用開始を目指して奮闘している。宿泊するための家屋の整備、備品の調達、法律面での基準のクリア、どのような運営にするかという運用面での規則作り、まだまだ解決しなければならないことはたくさんある。粟島の西海岸の砂浜に面した集落にあるごく普通の民家を改造して自分たちの夢を実現しようと活動している。私は10年前のゼミ合宿でル・ポール粟島に泊まり、みんなでこの海岸で泳いだことがある。白い砂浜の海で私たちしかいない海の水泳は、水が澄んで気持ちが良かったのを思い出す。でも今日は12月、西から強い風が海の上を渡ってきてこの海岸に吹き付けている。こういう時には家の中での楽しみになる。若い人の熱を帯びた計画の話に心が同調するのはなんと楽しいことであろうか。ピザ窯を作りたいという夢。これで焼いたピザはきっとおいしいだろう。島でできた野菜を食べる

夢、島で生えすぎている竹を使って作る工作物、この寒い時期にも、家の中で楽しい時を過ごすことのできるゲストハウ

スができるのではと思ってしまう。現在造り上げた五右衛門風呂を見せ
てもらった。海に向けて開かれていて、天井もなく、割り竹を張った流
しのお風呂。いつもは何気なくすましてしまうお風呂に入る行為が、こ
こでのお風呂は違っているだろう。全てに、人の気持ちが入り込んでい
る。風呂を作った藤賀さんと宮本さんのお父さんの気持ち、水や薪を集
めて風呂を沸かしてくれる人の気持ち、そしてすぐそばの海に抱かれな
がら、自然の中で風呂に入ることのできる解放された自分の気持ち、こ
れらがストレートに伝わってくるお風呂である。きっと、この地球の上
で自分が全てのものによって、生かされていると感じるような気持ちに
なるだろう。

　野菜を栽培しているという畑を見せてもらった。一本一本の大根が覆
土されていた。やさしい気持ちが伝わってくる畑だ。大根、桜島大根、
ホウレンソウ、春菊、キャベツきっと毎日毎日成長を楽しみに手入れを
されている作物に見えた。これらをいただくときの気持ちは、作った人
の気持ちをも一緒にいただけるのだろう。全てがゲストハウスにつな
がっていく。

　建物は相当、時を経た建物である。ここに泊まり、ここで営まれる時
間は、彼らに共感できる気持ちのある人にはかけがえのないものになる
と想像する。粟島には古くつくられた海員学校の建物やアートをいくつ
も作ることによって人に来てもらいたいと考えていて、現代アートがあ
る。家の近くには杉原信幸さんが作った原始感覚あふれる環状列石の

造形があった。これも作った人の気
持ちが伝わってくる。吹きさらしの
風の中で列石を見ても、夢のあふれ
る人たちと話した後にみた風景なの
で、すべてが人の気持ちがあふれた
造形のように見えてしまう。

29 伊吹島の島四国めぐり

藤田　大智

四国88ヶ所めぐりは、多くの人たちが知っているだろう。

では、それにちなんだ島四国88ヶ所めぐりはご存知だろうか。

島四国88ヶ所めぐりとは、瀬戸内の島々を中心として行われている1年に1度の行事であり、各島を四国に見立てて、島の中でミニ88ヶ所めぐりをするというものである。そして、その島に住む人たちが訪れた人たちをお接待してくれるのである。

私は、その島四国めぐりに参加するべく、2014年4月20日に伊吹島を訪れた。

伊吹島を訪れると、まず目に入ってきたのがたくさんの旗、訪れる人たちを歓迎してくれる島の人たち、初めて島四国めぐりに訪れた私はその光景に驚いた。普段の生活の中では、このように歓迎されることなどほとんどないからだ。

島四国めぐりについてほとんど調べずに訪れた私はちょっとした疑問

をいくつか抱いていた。お寺以外にはどこをめぐるのかということ、どういったお接待がうけられるのかということなどである。それらは、島をめぐっているうちに分かった。

　めぐった場所は、お寺やお地蔵様、工場、民家等であった。それぞれの場所ごとでお賽銭を納め、その代わりに、お菓子やジュース、パン、島の名産品であるいりこ等をもらった。

　島をめぐり終わった頃には、持って行ったバッグがいっぱいになっていた。ちょっとゆっくりした出発であったので、あんまりお接待を受けることができないだろうと思っていた私にとっては驚きの量であった。

　今回の島四国めぐりが私にとって初めての伊吹島の訪問であった。私はずっと香川県に住んでいながら一度も訪れたことがなく、伊吹島という島があるというぐらいしか知らなかった。

　島四国めぐりを通して、お接待を受けただけでなく、島の景観を見たり、島の人たちとも話したりすることができた。このようなことを通して少なからず島について知ることができた。

　これも島四国めぐりが行われ続けている理由ではないかと感じた。

　今回は時間の関係で急ぎ足となってしまったので、今度またゆっくりと伊吹島を訪れたい。

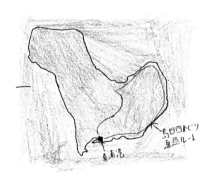

30 この30年間の香川の島の人口の変化

稲田　道彦

　表によって香川県の島を概観する。一番大きくて有名な小豆島がこの表にないのは、小豆島が離島として指定されていないからである。直島は2000年から指定離島になり、この統計表に載るようになった。また小豆島も2013年より離島指定島嶼になった。これで香川県の有人島で離島の指定がなされていない島は高松市の大島のみである。

　島の総人口のサイズに格差があることに注目したい、この表で最も人口が多いのは2005年の直島の3476人であり、ついて1985年の豊島の1757人、最も人口の少ないのは2005年の小与島の6人である。この人口差は島の地域社会の性質、人々の生活にも大きく影響する。小与島以外の人口30人以下の島を人口の小さい順にあげると、小手島16人（2005）、牛島18人（2005）、志々島30人（2005）である。地域として存続するため

表　香川県の離島の人口変化と生産年齢人口指数と老齢人口率

市町村名	島名	国勢調査人口総数		人口増減率(%)	生産年齢人口指数 (%)		老齢化率 (%)	
		1985年 昭和60年	2005年 平成17年	2005年/ 1985年	1985年 昭和60年	2005年 平成17年	1985年 昭和60年	2005年 平成17年
土 庄 町	小 豊 島	31	16	51.6	51.6	56.3	29.0	43.8
	豊　　島	1,757	1,141	64.9	61.6	48.1	21.5	43.7
直 島 町	直　　島	no	3,476		no	60.5	no	27.8
	牛ケ首島		—			—		—
	屏 風 島	60	44	73.3	66.7	61.4	15.0	22.7
	向　　島	43	18	41.9	55.8	33.3	39.5	66.7
高 松 市	男 木 島	400	189	47.3	61.3	33.9	26.8	61.4
	女 木 島	410	212	51.7	62.4	38.2	23.9	57.1
坂 出 市	櫃 石 島	355	236	66.5	56.6	50.8	25.6	37.3
	岩 黒 島	97	94	96.9	48.5	47.9	28.9	34.0
	与　　島	570	142	24.9	79.3	46.5	12.1	52.8
	小 与 島	37	6	16.2	62.2	66.7	21.6	33.3
丸 亀 市	本　　島	1,154	605	52.4	56.4	43.0	29.4	48.1
	牛　　島	45	18	40.0	51.1	33.3	42.2	66.7
	広　　島	943	351	37.2	56.9	34.8	26.4	64.1
	手　　島	133	54	40.6	57.1	13.0	39.8	87.0
	小 手 島	152	51	33.6	55.9	62.7	17.1	31.4
多 度 津 町	佐 柳 島	295	146	49.5	43.4	23.3	52.2	76.7
	高 見 島	228	73	32.0	62.7	28.8	29.8	71.2
三 豊 市	粟　　島	831	349	42.0	60.5	27.2	28.2	72.2
	志 々 島	121	30	24.8	42.1	3.3	57.9	96.7
観 音 寺 市	伊 吹 島	1,624	793	48.8	62.5	52.8	20.3	40.6
香川県合計		9,286	8,044	86.6	60.3	50.6	25.4	40.9

出典：離島統計年報、直島は1985年は離島指定を受けていないためデータが無い。人口増減率では30％以下を、生産年齢人口指数では30％以下を、老齢化率では70％以上を彩色した。

には地域を運営するための住民の共同作業が存在する。それをこの人員
では維持できず、最小限の共同作業が営まれることを想像させる。次の
欄は人口の減少率（2005/1985）である。どの島も人口は減少している。
持続可能な形で島の社会が存続している場所は少ないといえる。とびぬ
けて高い値を示す島がある。岩黒島の96.9％である。人口が激減する島
がある中で、この島の社会の安定度はどこからくるのであろうか。そし
てもう一点、岩黒島がとりわけ人口数の大きな島ではないということも
注目しておきたい。減少率では、小さいほうから、小与島、与島、志々
島と続く。これだけ大きく減少したことはこれらの島の社会の基盤が変
化したことを推測させる。30％以下の島に黄色の印をつけた。

　生産年齢人口率ではどうであろうか。1985年当時にはすべての島が
40％以上で何らかの仕事に携わる年齢の人が島の人口の半数近く以上に
住んでいた。このことは島に何らかの仕事があったことがわかる。2005
年はどうだろうか。生産年齢人口率が20％以下の島が出てくる。島での
仕事が本当に限られたところでしかなされない島である。志々島、手
島、佐柳島、粟島、高見島と続く。逆の側の指数、老齢化率で見るとど
うだろうか。1985年と2005年では明らかに老齢化率が増大している。

　上で述べた働く年齢の人が減った島では、軒並み増えている。志々島
では96.7％という高率になっている。こうなると老人しかいない島で、
島の伝統と
か、社会の習
俗とか、すべ
ての島の伝統
文化が若い世
代に伝承され
ないで消える
のを待ってい
る状況ともい
える。

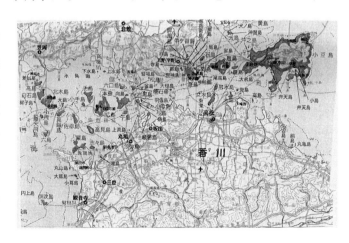

あ と が き

　この本「島へ行こうよⅡ」は2011年に瀬戸内圏研究センターから出版した「島へ行こうよ」の続編です。

　最初の「島へ行こうよ」では紀行文から論文まで含むという本でした。学生が島で発見した驚きや楽しさを文で表現しようとしました。この気持ちを引き継ぎ、「島に行こうよⅡ」を発行します。

　この本は写真と短い文から構成するよう、編集方針を全く変更しました。今まで島の生活に縁のなかった、学生が突然島に行って、何に驚き、何に感動し、何を考えるのだろうかという初体験の驚きを大切にしました。

　瀬戸内海の島々では高齢化、人口減少、主要産業の衰退という問題が人びとの生活をおびやかすほど切実になってきています。若い人の島への移住が一番の解決策です。住んでみたいと思うには、そこが良い場所だと思うことが一番です。そのためにはそこを訪れて島について実感をもってもらう事です。島に行ってみようか、という気持ちがないと、その全てが始まりません。その気持ちを誘うように、学生が島に行った報告を作ることにしました。

　最初は教員とともに島に行っていましたが、そのうち学生だけで島に行くようになりました。そしてそのうちこのゼミからも島歩きの達人が現れるかも知れません。

　この本を作る時にモデルとさせて頂いた本があります。岡本仁編著（2013）『ぼくの香川案内』ランドスケーププロダクツ発行、です。香川県の各地に行ってみたいという気持ちにさせてくれる本でした。少しでも近づきたいと考えましたが、とうてい及びませんでした。

　岡本仁様おもしろい本をありがとうございました。

稲田　道彦

島へ行こうよ II

2015年3月31日　初版
2020年9月 4日　再版

編集　香川大学瀬戸内圏研究センター
　　　〒760-8521　香川県高松市幸町１－１

発行　株式会社　美巧社
　　　〒760-0063　香川県高松市多賀町１－８－10
　　　TEL 087-833-5811　FAX 087-835-7570

ISBN978-4-86387-128-1　C1037